AF243089

ACADÉMIE

DES JEUX FLORAUX.

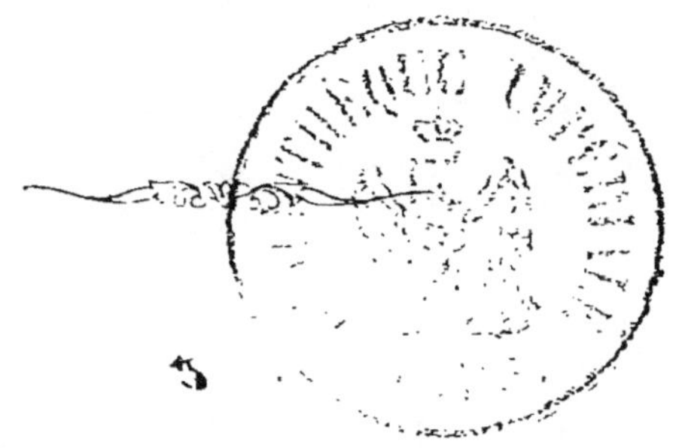

Séance du 23 Avril 1865.

ÉLOGE

DE

M. LE MARQUIS ADOLPHE DE TAURIAC,

Par M. Florentin DUCOS, un des quarante Mainteneurs.

Par M. Florentin DUCOS, un des quarante Mainteneurs.

Messieurs,

C'est une mission toujours douloureuse que l'Académie confie à un de ses membres, lorsqu'elle l'invite à retracer la vie et les mérites du Mainteneur que la mort lui a enlevé, et à renouveler des regrets qui ont été bien vivement sentis. Mais cette douleur est bien plus profonde pour l'orateur chargé de raconter une existence honorable, lorsqu'il doit vous entretenir d'un ami affectionné ; surtout lorsque, par des relations multipliées et pleines de charme, il lui a été donné d'apprécier plus intimement les qualités, le cœur et l'esprit de cet homme d'élite. Chargé de vous présenter l'éloge de M. de Tauriac, ma tâche sera facile à remplir ; et l'éloge se trouvera tout naturellement tracé dans le fidèle récit d'une existence exemplaire, aussi honorable qu'utile au pays et à ses concitoyens.

Eugène-Anne-Adolphe DE TAURIAC naquit à Toulouse le 13 thermidor an ix (1er août 1801). — Il était fils de M. le Marquis de Tauriac et de Madame Pélagie Dumoulin.

M. le marquis de Tauriac apporta le plus grand soin à l'éducation de son fils ; à cette première initiation dont il connaissait toute l'importance. Dès l'âge de neuf ans, il l'envoya à Paris et le confia aux soins de l'abbé Léotard, qui dirigea ses premières études. Durant le cours de ces études, notre futur confrère eut le malheur de perdre sa mère. Cette douloureuse circonstance le décida à prolonger son séjour à Paris pour y passer ses examens de bachelier ès lettres, et y faire ses études de droit. — Devenu majeur, le jeune Tauriac renonça à la carrière du Barreau qui l'aurait conduit à la Magistrature, pour se consacrer à l'étude des Belles-lettres, vers lesquelles l'entraînait un attrait puissant.

Rentré à Toulouse, à peine âgé de vingt-trois ans, il ne tarda pas à se marier. Une héritière des Riquet, Mademoiselle Louise de Cambon, appartenant à une des premières familles de Toulouse, fixa son choix. Une fille naquit de ce mariage, Charlotte-Adélaïde de Tauriac, qui, dans la suite, épousa M. le Comte de Berthier.

Mais, par une cruelle fatalité, le nouvel état de notre confrère ne fut pas de longue durée... Après moins de huit ans d'une union formée sous les plus heureux auspices, il vit tout à coup s'écrouler l'édifice de son bonheur. Une maladie ne laissant dès son origine aucun espoir de guérison, lui enleva une compagne douée des plus aimables vertus, et le laissa avec une jeune fille à peine âgée de trois ans.

Ce triste événement fit une impression si douloureuse sur son cœur aimant, qu'on lui conseilla, pour dissiper ses tristesses, d'entreprendre des voyages dont il devait rapporter de nombreux et utiles souvenirs. — L'Angleterre, l'Allemagne et surtout l'Italie, furent tour à tour l'objet de ses intelligentes pérégrinations. Entre autres excellentes qualités, M. Adolphe de Tauriac possédait profondément l'amour des Beaux-arts. — Avec quel bonheur il parcourut en vrai touriste et le bâton à la main, cette terre privilégiée, couverte des plus admirables monuments et enrichie des plus glorieux souvenirs ; cette contrée où les arts sont naturellement éclos, comme des productions du sol ! où l'homme naît artiste, où des œuvres qui excitent notre admiration, doivent peut-être plus à l'inspiration qu'à l'étude. M. de Tauriac, en amateur plein de goût, fit sa récolte artistique, et il rapporta de ses voyages une collection d'œuvres d'art dont il enrichit ses salons et son cabinet.

On y admirait, entre autres objets, une Descente de croix, ciselée en ivoire, qu'il avait apportée de Rome, travail d'une délicatesse et d'un fini admirables ; ainsi que plusieurs mosaïques représentant des fleurs et des ciseaux, ouvrages d'une telle perfection, qu'il faut l'examen le plus attentif pour se convaincre qu'ils ne sont pas l'œuvre du pinceau le plus délicat.

M. de Tauriac avait encore rapporté des tableaux. Il était heureux de revoir, retracés par la peinture, ces sites admirables de Naples et de Sicile qu'il avait parcourus avec l'instinct du voyageur et la curiosité du touriste ; de ramener sous ses yeux les contours sinueux et brillants de lumière de ce golfe de Baïa et de l'île d'Ischia, si poétiquement décrits par Lamartine. Ainsi l'amant des arts, par la plus aimable des fictions, faisait revivre autour de lui des lieux qu'il avait quittés, et réunissait le spectacle toujours présent d'une nature éblouissante au charme des plus gracieux souvenirs.

Notre confrère ne borna pas à l'Italie ses longues pérégrinations ; il voulut aussi parcourir l'Espagne, où il étudia la trace des monuments dont un peuple industrieux et guerrier (1), l'avait couverte. L'Allemagne, l'Ecosse et l'Angleterre reçurent aussi sa visite. Il y séjourna assez longtemps, pour pouvoir en étudier les langues qui lui étaient familières et les institutions dont il appréciait le mérite.

Il sut partout se créer de nombreuses relations, et parlait souvent de l'Angleterre où il avait trouvé un accueil bienveillant dans les principales maisons de Londres.

Toutefois, cette vie errante ne pouvait longtemps lui convenir. Il rentra à Toulouse avec la pensée de se créer un nouvel intérieur et de choisir une compagne qui lui fit oublier les amertumes de sa vie passée. En 1842, il épousa Mlle de Surian, dont la famille ancienne en Provence, avait occupé longtemps à Marseille un rang distingué. La Providence bénit cette seconde union dont il est né deux fils, destinés à conserver l'honorable mémoire de leur père.

Avant cette époque, M. Adolphe de Tauriac, avait su, par des études connues de ses amis, fixer l'attention des personnes qui s'occupaient dans notre ville de littérature et de poésie. Il saisit l'occasion de se présenter à l'Académie des Jeux Floraux ; sa candidature fut accueillie par les suffrages les plus honorables, et le 2 juillet 1843, notre confrère venait s'asseoir sur

---

(1) Les Maures.

le fauteuil devenu vacant par la mort de M. Pinaud, ancien procureur général.

Le Discours prononcé à cette occasion par le récipiendaire, révéla de nouveau à l'Académie le talent littéraire du candidat élu, et lui donna un nouveau motif de s'applaudir de son choix. — Les qualités essentielles de cette œuvre académique se distinguèrent par une pureté de style peu commune, par une urbanité exquise et par une élévation de pensées et de sentiments, une association d'idées et de vues qui excitèrent nos sympathies et firent bientôt du nouveau confrère un ami.

Ces qualités précieuses se développèrent de plus en plus dans les travaux appréciés mais trop rares dont M. de Tauriac devait favoriser nos Recueils. Ainsi, quatre ans plus tard, l'Académie lui confia le soin de prononcer cet Eloge de Clémence Isaure, tribut annuel de notre reconnaissance pour la Restauratrice de nos Jeux, tribut qui lui est adressé au moment où les athlètes vainqueurs viennent recevoir leurs couronnes. Notre confrère acquitta la dette de l'Académie en homme dont l'esprit élevé sait allier l'amour des Beaux-arts au sentiment de la Poésie, et envisager sous leur aspect philosophique et social les institutions généreuses qui font l'illustration des peuples. — Nous aimons à reproduire ses paroles : « Clémence Isaure, disait-il, nous
» rappelle l'héritage que le passé nous a transmis, une
» antique nationalité qu'elle a honorée, nos anciennes
» familles qui ont applaudi à sa munificence, notre
» Parlement, notre Université, notre Capitoulat qui
» s'associèrent à sa gloire, et virent souvent des noms
» chers à la Justice, aux Lettres, aux Sciences et à
» notre cité, inscrits sur son livre d'or ; mais elle nous
» montre encore l'avenir qui attend le légitime tribut
» de nos esprits formés par le sien.

» La vierge de Toulouse n'est pas , en effet, comme
» une de ces statues qui gardent dans l'éloignement des
» siècles les traditions jalouses ; Clémence Isaure a ou-
» vert des voies nouvelles dans la suite de l'histoire ;
» c'est la vie , l'âme, le *progrès*. C'est un génie immor-
» tel qui couronne les initiations hardies , qui pré-
» side aux destinées modernes de notre cité. »

C'est ainsi que notre confrère appréciait au double
point de vue artistique et social cette glorieuse institution de nos anciens Troubadours , qu'une calamité
publique (le vaste incendie de 1462) avait renversée,
et dont la restauration était due à la munificence de
Clémence Isaure.

Trois ans plus tard , il devait payer un tribut de
douleur à la mémoire du confrère et ami qui l'avait
précédé dans les rangs académiques, et qui, le jour
de sa réception , avait prononcé l'éloge de M. Pinaud.
— M. Cabanis, bien jeune encore , au milieu d'une
carrière où l'accompagnaient les succès les plus flat-
teurs, le panégyriste de saint Bernard , le lauréat
de 1838, succombait aux atteintes d'un mal que ni sa
jeunesse, ni les secours de l'art ne purent conjurer.
Je n'essaierai pas de vous peindre la douleur sincère
dont ce cœur aimant dut être pénétré. J'ai relu ce té-
moignage d'une âme profondément émue, ces paroles
de l'ami qui survit, adressée à l'ami qui n'est plus,
et j'ose dire que jamais la douleur ne parla un langage
empreint d'une sensibilité plus vraie , plus touchante
et plus digne.

M. de Tauriac devait encore , sur l'invitation de
l'Académie, prononcer un autre éloge funèbre , celui
du Ministre Fortoul. — Cet éloge était une dette de
notre Compagnie. Notre confrère l'acquitta avec ce
sentiment du devoir envers des personnes à qui nous
nous sommes attachés par des liens que les faveurs

inattendues de la fortune et l'ivresse du pouvoir leur font quelquefois oublier.

Jusqu'ici, M. de Tauriac ne nous a montré que la partie privée de son existence : nous avons vu le voyageur, le père de famille, l'homme de lettres et l'amant des Beaux-Arts. Nous n'avons pas encore vu l'homme public, l'homme investi de fonctions importantes, l'homme honoré de la confiance de ses concitoyens, appelé au Conseil municipal de Toulouse, au Conseil général du département, appelé enfin aux fonctions éminentes de la législature.

Pendant douze ans, la confiance de ses concitoyens lui a assigné une place dans le Conseil municipal de cette grande cité ; pendant douze ans on le vit s'asseoir dans le Conseil général du département ; enfin, pendant douze ans, il exerça, soit à la Chambre des députés, soit au Corps législatif, les hautes fonctions qui lui furent confiées.

La carrière législative de M. de Tauriac se divise en deux époques. Ce fut en 1846 que le vote de ses concitoyens l'appela pour la première fois à la Chambre des députés ; il y siégea pendant toute la session de 1847. La session de 1848 l'y retrouva ; celle-ci fut de courte durée ; notre confrère ne fit, pour ainsi dire, qu'entrer à la Chambre pour en sortir deux mois après avec tous ses collègues, sous la foudroyante catastrophe de la plus imprévue des révolutions.

Je n'essaierai pas de raconter cette journée néfaste, si connue de tout le monde, et qu'avaient à peine préparée quelques banquets soi-disant patriotiques ou réformistes. Le mouvement, qui était dans quelques esprits égarés, éclata tout à coup avec la plus grande violence devant la Chambre des deputés, et non moins subitement dans son sein. Quatre cents séditieux envahissent la Chambre avec des menaces de mort ; ils chassent le président et les députés de leurs siéges, proclament l'abolition du Gouvernement existant et improvisent un Gouvernement provisoire. — Et tout cela s'était accompli dans l'espace de deux heures.

Au milieu de cet envahissement imprévu , de cet effroyable tumulte, se trouvait une Princesse auguste, accompagnée d'un enfant qui héritait dans ce moment de la plus belle couronne du monde ; elle venait recevoir des mains des mandataires de la nation une glorieuse régence ; elle ne devait y trouver que l'exil, environné des dangers les plus imminents. M. de Tauriac l'aperçoit ; il court se ranger auprès d'elle ; il ramène le jeune prince , le comte de Paris , aux côtés de sa mère : et sans s'inquiéter du danger de sa position , il leur fait un rempart de son corps ; il aide à leur frayer un passage , les soutient, les protége, et il a le bonheur de les conduire jusques à la voiture qui peut les recevoir et les porter vers le chemin de l'exil.

Nouvelle et terrible leçon de l'instabilité des choses humaines et des amères dérisions de la fortune !

Un intervalle de quatre ans s'écoula , pendant lesquels M. de Tauriac était rentré dans la vie privée. En 1852 sa candidature accueillie le porta au Corps législatif où il siégea successivement jusqu'en 1864. —Ce fut pendant la législature de 1863, étant encore à Paris , qu'il éprouva la première atteinte d'un mal qui , plus tard , devait le frapper mortellement. Mais dans l'intervalle, une question irritante avait produit une grande agitation au sein de la Chambre. Sans se mettre en peine d'une disgrâce prévue , M. de Tauriac n'hésita pas un instant pour la défense des principes catholiques qu'il professait. — Dès ce moment, il résigna en lui-même les fonctions législatives. Les sentiments religieux dont il était pénétré, peut-être aussi un secret pressentiment de sa fin prochaine le portèrent plus que jamais à la pratique des vertus chrétiennes et des œuvres de bienfaisance auxquelles il s'associait avec bonheur. — Personne plus que lui ne connut, ne pratiqua la charité, ne chercha à aider les malheureux, à secourir l'infortune ; sa parole n'était pas une consolation stérile.

Il me reste à vous entretenir de ce coup de foudre imprévu qui vint le ravir à sa famille et à ses amis.

Le 23 octobre 1863, il était à son château de Mondran (1), c'était dans la matinée ; l'état de sa santé n'inspirait aucune inquiétude. Un ingénieur était venu ; M. de Tauriac avait conversé avec beaucoup d'aisance sur une réparation à faire à son habitation, et rien ne laissait prévoir une catastrophe prochaine. A peine l'ingénieur l'avait quitté, M. de Tauriac tombait en proie à un long évanouissement. Ici les ressources de la science furent impuissantes ; cet évanouissement était la mort. Au bout d'une heure, notre confrère expirait entre les bras d'une épouse et au sein d'une famille inconsolables ; laissant après lui d'amers regrets pour tous ceux qui l'avaient connu, et le souvenir d'une vie aussi irréprochable qu'utile à ses concitoyens.

Monsieur (2), en vous appelant à succéder à M. de Tauriac, l'Académie des Jeux Floraux a trouvé, dans votre origine toulousaine et dans votre goût pour les Beaux-Arts, les garanties infaillibles de votre dévouement à notre ancienne institution et de votre amour pour le culte de la Poésie. Vous appartenez déjà à cette Société archéologique dont les études si intéres-

---

(1) Près de Fonsorbes.
(2) A M. de Toulouse-Lautrec.

santes ont pour but de mettre en lumière les merveil-
les que l'art a produites dans des époques oubliées. —
Cette recherche et cet amour du Beau dans les œuvres
matérielles qu'enfanta la main des hommes sont un
guide infaillible pour apprécier les beautés idéales des
œuvres de l'esprit. Tout nous fait donc espérer que
vous serez pour nous un puissant auxiliaire, et que
nous aurons à nous féliciter de vous avoir associé à
nos travaux.

Toulouse. Impr. Ch. Douladoure; Rouget frères & Delahaut, succrs, rue St Rome, 32